À tous les membres de

L'apprentissage de la lecture est l'une des réalis[ations] importantes de la petite enfance. La collection *Je peux lire!* est conçue pour aider les enfants à devenir des lecteurs experts qui aiment lire. Les jeunes lecteurs apprennent à lire en se souvenant de mots utilisés fréquemment comme « le », « est » et « et », en utilisant les techniques phoniques pour décoder de nouveaux mots et en interprétant les indices des illustrations et du texte. Ces livres offrent des histoires que les enfants aiment et la structure dont ils ont besoin pour lire couramment et sans aide. Voici des suggestions pour aider votre enfant avant, pendant et après la lecture.

Avant

Examinez la couverture et les illustrations, et demandez à votre enfant de prédire de quoi on parle dans le livre.

Lisez l'histoire à votre enfant.

Encouragez votre enfant à dire avec vous les formulations et les mots qui lui sont familiers.

Lisez une ligne et demandez à votre enfant de la relire après vous.

Pendant

Demandez à votre enfant de penser à un mot qu'il ne reconnaît pas tout de suite. Donnez-lui des indices comme : « On va voir si on connaît les sons » et « Est-ce qu'on a déjà lu un mot comme celui-là? ».

Encouragez l'enfant à utiliser ses compétences phoniques pour prononcer d'autres mots.

Lorsque l'enfant a besoin d'aide, lisez-lui le mot qui pose un problème, pour qu'il n'ait pas trop de mal à lire et que l'expérience de la lecture avec les parents soit positive.

Encouragez votre enfant à lire avec expression... comme un comédien!

Après

Proposez à votre enfant de dresser une liste de mots qu'il préfère.

Encouragez votre enfant à relire ses livres. Il peut les lire à ses frères et sœurs, à ses grands-parents et même à ses toutous. Les lectures répétées donnent confiance au jeune lecteur.

Parlez des histoires que vous avez lues. Posez des questions et répondez à celles de votre enfant. Partagez vos idées au sujet des personnages et des événements les plus amusants et les plus intéressants.

J'espère que vous et votre enfant allez aimer ce livre.

Francie Alexander,
spécialiste en lecture

À Linda, ma compagne de thé
— J.M.

Graphisme des pages d'instructions par Bill Hoffman

Photographie des papiers-découpes par Paul Dyer

Données de catalogage avant publication
de la Bibliothèque nationale du Canada

Moffatt, Judith
  Flocons de neige : histoire et bricolages

(Je peux lire!. Niveau 2)
Traduction de: Snow shapes.
Pour enfants de 5 à 7 ans.
ISBN 0-439-98683-4

1. Papier, Travail du–Ouvrages pour la jeunesse.
2. Hiver dans l'art–Ouvrages pour la jeunesse.
3. Artisanat–Ouvrages pour la jeunesse.
I. Titre. II. Collection.

TT870.M5214 2001   j745.594'1   C2001-900955-0

Édition publiée par Les éditions Scholastic,
175 Hillmount Road, Markham (Ontario) L6C 1Z7.

5 4 3 2 1   Imprimé au Canada   01 02 03 04 05

FLOCONS DE NEIGE
Histoire et bricolages

Judith Moffatt

Texte français d'Hélène Pilotto

Je peux lire! — Niveau 2

Les éditions Scholastic

Jules et Souris
regardent les flocons
tomber.
Ça leur donne une idée.

Si on allait
dans la maison
pour fabriquer
de jolis flocons?

Chaque flocon a six côtés.

Chaque flocon est différent.

LE FLOCON

1. Plie en deux un carré
   de papier pour former
   un triangle.

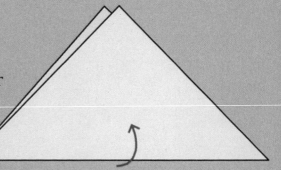

2. Rabats la pointe droite en diagonale vers la gauche.
   Rabats la pointe gauche en diagonale vers la droite.

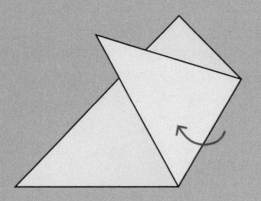 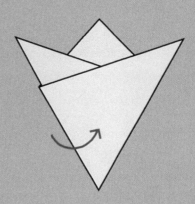

3. Plie le morceau
   en deux.

4. Coupe le haut,
   tel qu'illustré.
   Garde le bas.

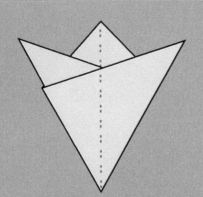 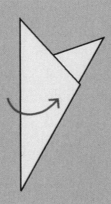 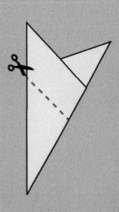

5. À l'aide de ciseaux
   et d'un poinçon, découpe
   des formes sur les trois côtés.

6. Déplie ton flocon!

Plie, coupe et déplie :
ton flocon est fini!
Bravo! Tu as réussi.

Le cardinal
est notre oiseau
préféré.
Son plumage
est rouge foncé.

LE CARDINAL

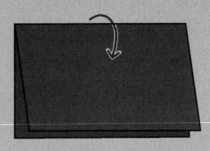

1. Plie en deux
   une feuille de papier.

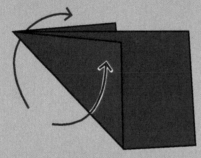

2. Rabats le coin gauche
   jusqu'au pli central.
   Fais la même chose
   de l'autre côté.

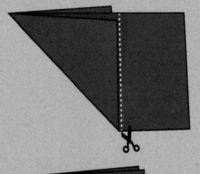

3. Découpe le long des
   rabats, tel qu'illustré.
   Tu obtiens un triangle.

4. Découpe à mi-chemin
   les quatre épaisseurs
   de papier.

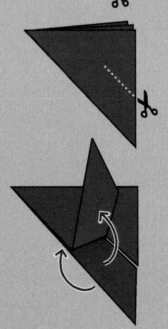

5. Rabats la partie du bas
   vers le haut pour
   faire l'aile.
   Fais la même chose
   de l'autre côté.

6. Découpe un petit triangle
   devant les ailes.
   C'est la tête.
   Colle un triangle noir
   et un cercle blanc pour l'œil.

Suspends-le
avec de la ficelle.
On dirait qu'il vole
dans le ciel!

Les écureuils font
des provisions de noix,
car l'hiver est long
et froid.

LES ÉCUREUILS

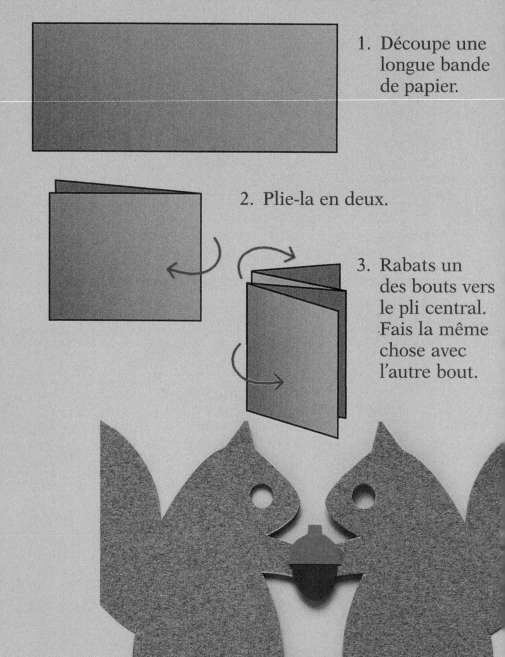

1. Découpe une longue bande de papier.

2. Plie-la en deux.

3. Rabats un des bouts vers le pli central. Fais la même chose avec l'autre bout.

Les écureuils
vont deux par deux.

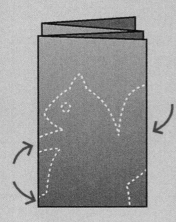

4. Dessine un écureuil
   sur un des bouts.
   Attention : les pattes
   et la queue doivent dépasser.
   Les pattes sont du côté du pli.

5. Découpe l'écureuil.
   Perce un trou pour l'œil
   avec un poinçon.

6. Fabrique deux glands
   en papier et colle-les
   entre chaque écureuil.

Pour partager,
c'est bien mieux!

Avec la neige, en hiver,
on fait des bonshommes super!

LE BONHOMME DE NEIGE

1. Découpe trois cercles de tailles différentes. Utilise un bol, un pot et un couvercle pour les tracer.

2. Colle le moyen sur le gros, et le petit par-dessus.

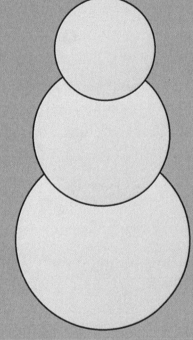

3. Découpe un chapeau, un nez et des bras. Utilise un poinçon pour faire les yeux et les boutons.

4. Colle-les sur ton bonhomme.

5. Perce un trou dans le haut et ajoute une ficelle.

6. Suspends ton bonhomme de neige!

Par temps doux
ou par temps froid,
ton bonhomme ne fondra pas!

Les poinsettias sont
des fleurs de Noël.

Rouges, roses, blanches :
elles sont toutes belles.

LES POINSETTIAS

1. Plie en deux un carré de papier pour faire un triangle.

2. Rabats la pointe gauche vers le haut. Fais la même chose avec la pointe droite.

3. Plie en deux à nouveau.

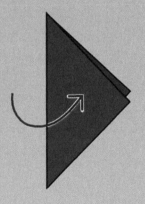

4. Perce un trou près de la pointe du bas. Découpe le haut en losange, tel qu'illustré.

5. Découpe un demi-cercle de chaque côté.

6. Déplie ton poinsettia!

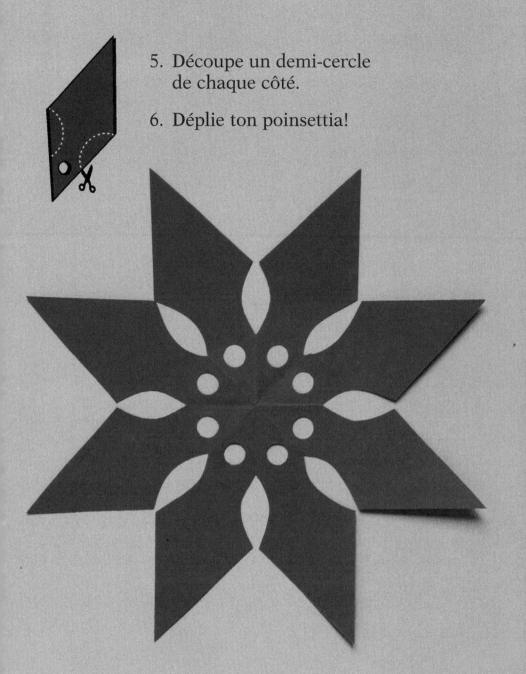

Fais plein de jolies fleurs, de toutes les grosseurs et de toutes les couleurs!

Laisse aller
ton imagination…

... et décore
toute la maison!

Amuse-toi à fabriquer
d'autres décorations.
Sors ton papier, ta colle,
tes ciseaux et ton poinçon!

Jules et Souris
auront bientôt
de nouveaux bricolages
à te présenter.
Mais, pour l'instant,
laissons-les travailler!